BOUQUETS

COMMENT LES COMPOSER

BOUQUETS

COMMENT LES COMPOSER

JANE PACKER

ADAPTATION FRANÇAISE : FRANÇOISE GUIRAMAND

GRÜND

UN LIVRE DORLING KINDERSLEY

Texte original
Jane Packer

Adaptation française
Françoise Guiramand

Photographies
Dave King

Secrétariat d'édition
Ivana Losco

Première édition française 1999
par Éditions Gründ, Paris

ISBN : 2-7000-5673-6
Dépôt légal : Mars 1999
Édition originale 1998
par Dorling Kindersley Limited, Londres
sous le titre *Fast Flowers*

Pour Gary Rebs, Lola et Ted

PAO : Tifinagh, Paris
Imprimé à Singapour

Sommaire

INTRODUCTION

CE LIVRE S'ADRESSE à toutes celles et à tous ceux – et ils sont nombreux – qui achètent un bouquet de fleurs en sillonnant les allées de leur supermarché, lorsqu'ils rentrent chez eux, après une journée bien remplie, ou encore parce qu'un désir subit les a incités à entrer chez le fleuriste de leur quartier. En d'autres termes ce n'est pas un ouvrage particulièrement destiné aux spécialistes de présentations florales. Les idées présentées s'adressent tout simplement à tous ceux qui aiment les fleurs, mais qui n'ont peut-être ni le temps, ni l'envie de confectionner ces bouquets apprêtés qu'affectionnent tant les professionnels.

On ne souhaite pas passer des heures à composer un bouquet parfait et compliqué, et d'ailleurs peu d'entre nous en ont le temps. Cependant avec un peu d'habileté, ce bouquet que vous avez acheté en rentrant chez vous pour le placer maladroitement dans le premier vase venu, peut être disposé d'une façon simple mais originale qui attirera le regard par son élégance et sa grâce.

Avec ce livre vous verrez que quelques idées astucieuses et rapides à mettre en œuvre suffisent pour disposer des fleurs joliment et avec un minimum d'effort. Aujourd'hui, la mode est aux bouquets spontanés. Une mode qui s'accorde avec la vie contemporaine, et qui est bien loin des arrangements compliqués et hyper–structurés qui nous sont souvent proposés.

Les fleurs ne sont pas l'apanage des spécialistes : leurs parfums, leurs couleurs, mettent en valeur tous les intérieurs, et un bouquet naturel, peut créer une atmosphère de calme, un climat de détente, mieux encore, améliorer la qualité de votre vie. Les idées rapides à réaliser que vous trouverez dans cet ouvrage confirment qu'il suffit d'aimer les fleurs, et de faire preuve d'un peu d'imagination pour créer des bouquets bien en accord avec la vie moderne.

Jane Packer

UNE GALERIE DE FLEURS

LA SÉLECTION PRÉSENTÉE ICI N'EST QU'UN ÉCHANTILLON DE L'IMMENSE VARIÉTÉ DES FLEURS DISPONIBLES. SI LA COULEUR ET LA FORME D'UNE FLEUR SONT LES DEUX ÉLÉMENTS QUE VOUS JUGEZ IMPORTANTS POUR LE BOUQUET QUE VOUS PROJETEZ, SEUL UN PROFESSIONNEL SAURA VOUS GUIDER EN FONCTION DE VOTRE DESCRIPTION. LES FLEURS SÉLECTIONNÉES DANS CE LIVRE CONSTITUERONT, PAR LA RICHESSE DE LEURS COULEURS, DE LEURS FORMES ET DE LEURS PARFUMS, UNE PALETTE QUI VOUS AIDERA À COMPOSER VOS BOUQUETS.

LECTURE DES SYMBOLES :

Durée de vie : Courte ⚱ Moyenne ⚱⚱ Longue ⚱⚱⚱

Parfum : Léger ❀ Moyen ❀❀ Fort ❀❀❀

LES NARCISSES

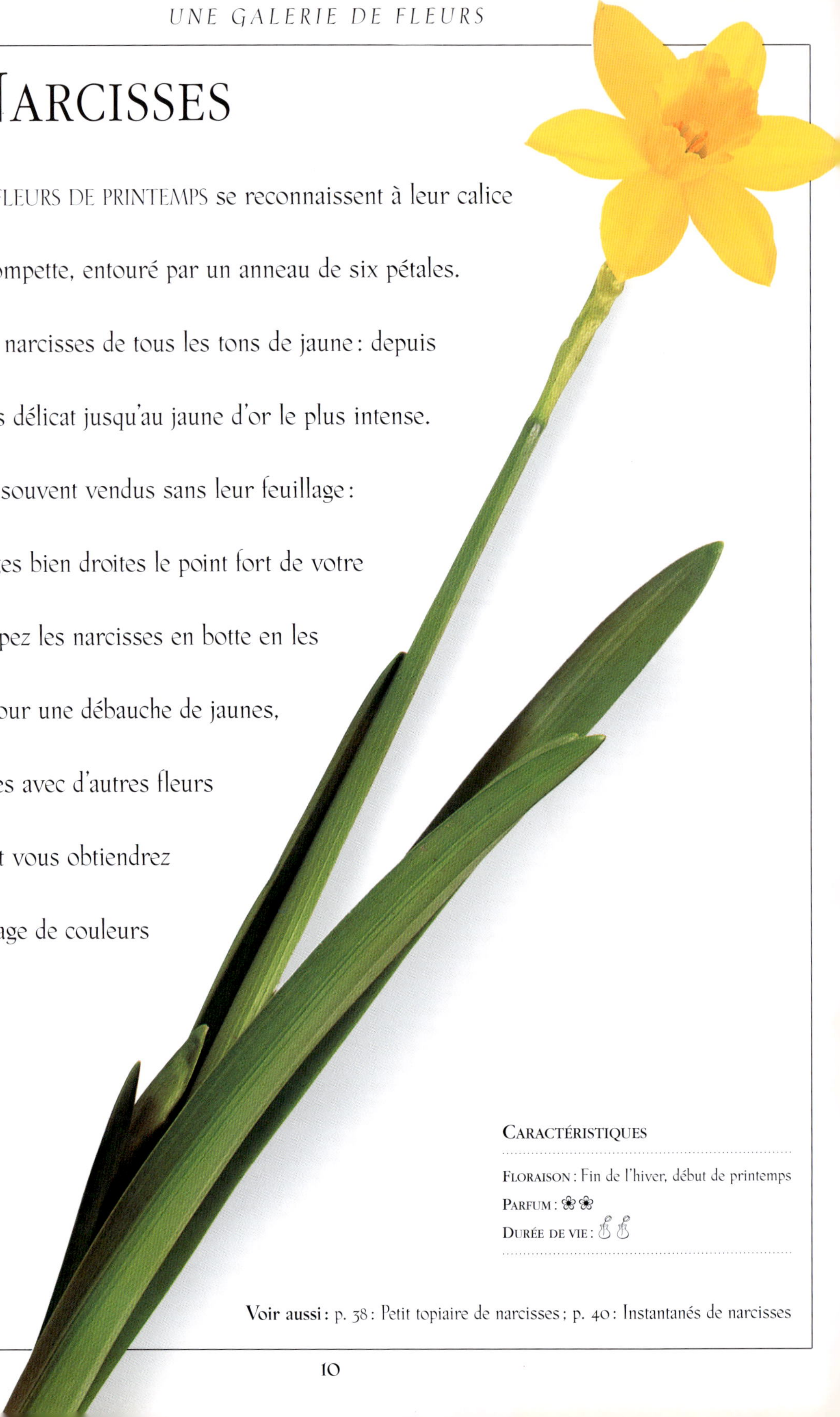

CES JOYEUSES FLEURS DE PRINTEMPS se reconnaissent à leur calice en forme de trompette, entouré par un anneau de six pétales. On cultive des narcisses de tous les tons de jaune : depuis le crème le plus délicat jusqu'au jaune d'or le plus intense. Puisqu'ils sont souvent vendus sans leur feuillage : faites de ces tiges bien droites le point fort de votre bouquet. Groupez les narcisses en botte en les serrant bien, pour une débauche de jaunes, ou mélangez-les avec d'autres fleurs de printemps et vous obtiendrez ainsi un bariolage de couleurs intenses.

CARACTÉRISTIQUES

FLORAISON : Fin de l'hiver, début de printemps

PARFUM : ❀❀

DURÉE DE VIE : 🏺🏺

Voir aussi : p. 38 : Petit topiaire de narcisses ; p. 40 : Instantanés de narcisses

JACINTHES ET FREESIAS

LA JACINTHE AUX FLEURS DENSES ET INTENSES, exhale un parfum capiteux : il en existe dans tous les tons de mauve, de rose, de blanc, et plus rarement dans des dégradés d'abricot. Ce bulbe de printemps peut s'utiliser en pot comme en fleurs coupées. Sa fleur qui a la forme d'une trompette, dure longtemps, et ses couleurs fraîches et vives, ainsi que son parfum caractéristique, en font une fleur prisée pour les mariages. Mélangez les différentes nuances ou, au contraire, prenez l'option plus stylisée d'une couleur unique.

JACINTHE

FLORAISON : Fin de l'hiver, début du printemps
PARFUM : ❀ ❀ ❀
DURÉE DE VIE : ⚱ ⚱ ⚱

FREESIA

FLORAISON : Fin de l'hiver, début du printemps
PARFUM : ❀ ❀ ❀
DURÉE DE VIE : ⚱ ⚱

Voir aussi : p. 42 : Freesias suspendus ; p. 44 : Girandole de jacinthes ; p. 46 : Parades de jacinthes

Les Tulipes

Fleurs au port toujours élégant, les tulipes conviennent à tous les bouquets et à tous les décors. Parmi les plus inhabituelles, citons les tulipes perroquet aux pétales dentelés, et les tulipes doubles. Lorsque vous incorporez cette fleur dans un bouquet, souvenez-vous qu'une fois dans l'eau, les tiges, quelle que soit la variété choisie, pousseront d'environ 5 cm, et qu'elles iront en s'inclinant vers la lumière. Assurez-vous en les choisissant que les feuilles sont bien fermes.

Caractéristiques

Floraison : Fin de l'hiver, début de printemps
Parfum : ❀
Durée de vie :

Voir aussi : p. 48 : Tulipes enraphiannées ; p. 50 : Instantanés de tulipes

LES RENONCULES

AVEC LEURS COROLLES TRÈS DENSES, ces fleurs par la richesse de leurs pétales évoquent d'opulentes robes de bal, et sont d'autant plus belles lorsqu'elles sont pleinement épanouies. Parfois leurs tiges paraissent presque trop frêles pour supporter le poids de la fleur. On trouve des renoncules dans une gamme de coloris fort riche : en masse, elles font des bouquets très contemporains, et si vous les mélangez avec d'autres fleurs dans un vase rustique, vous aurez un charmant bouquet campagnard.

CARACTÉRISTIQUES

FLORAISON : Fin de printemps et automne

PARFUM : ❀

DURÉE DE VIE : 🏺🏺

Voir aussi : p. 52 : Blanches renoncules ; p. 54 : Parades de renoncules

Les Pivoines

Ces fleurs charnues et opulentes, du début de l'été se déclinent dans de nombreux coloris : depuis l'incarnat le plus intense jusqu'aux nuances de roses pâles, sans oublier les tons de pêche et le blanc. Dans certaines variétés, de minuscules pétales étroits, de la même couleur que la fleur, remplacent les étamines. Éclatantes et romantiques, elles sont parfaites pour des bouquets. D'une même couleur elles feront un ravissant bouquet de mariée.

Caractéristiques

Floraison : Début de l'été
Parfum :
Durée de vie :

Voir aussi : p. 56 : Pivoines pleines fleurs ; p. 58 : Parades de pivoines

LES ROSES

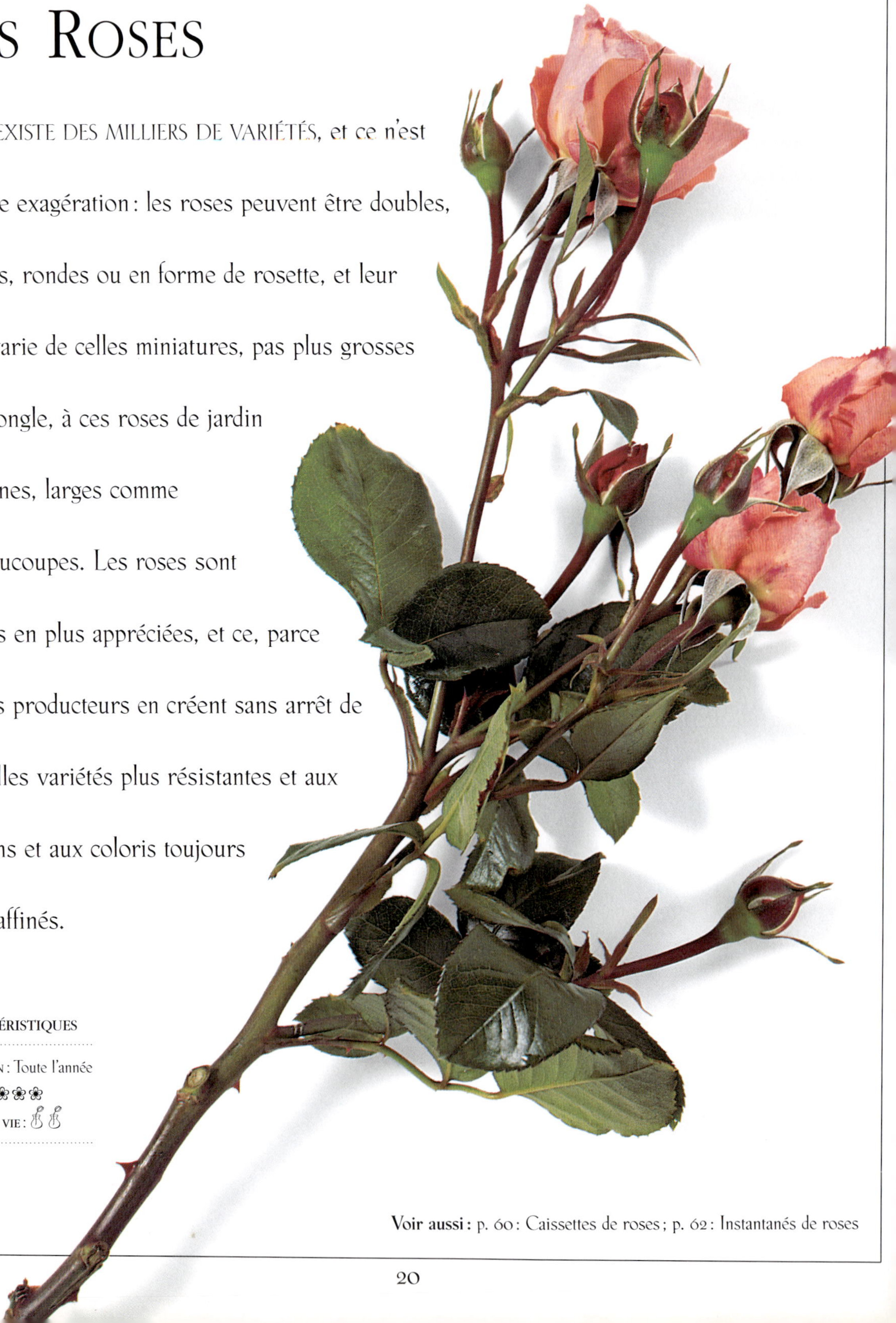

IL EN EXISTE DES MILLIERS DE VARIÉTÉS, et ce n'est pas une exagération : les roses peuvent être doubles, simples, rondes ou en forme de rosette, et leur taille varie de celles miniatures, pas plus grosses qu'un ongle, à ces roses de jardin anciennes, larges comme des soucoupes. Les roses sont de plus en plus appréciées, et ce, parce que les producteurs en créent sans arrêt de nouvelles variétés plus résistantes et aux parfums et aux coloris toujours plus raffinés.

CARACTÉRISTIQUES

FLORAISON : Toute l'année
PARFUM : ❀❀❀
DURÉE DE VIE : 🏺🏺

Voir aussi : p. 60 : Caissettes de roses ; p. 62 : Instantanés de roses

Les Œillets

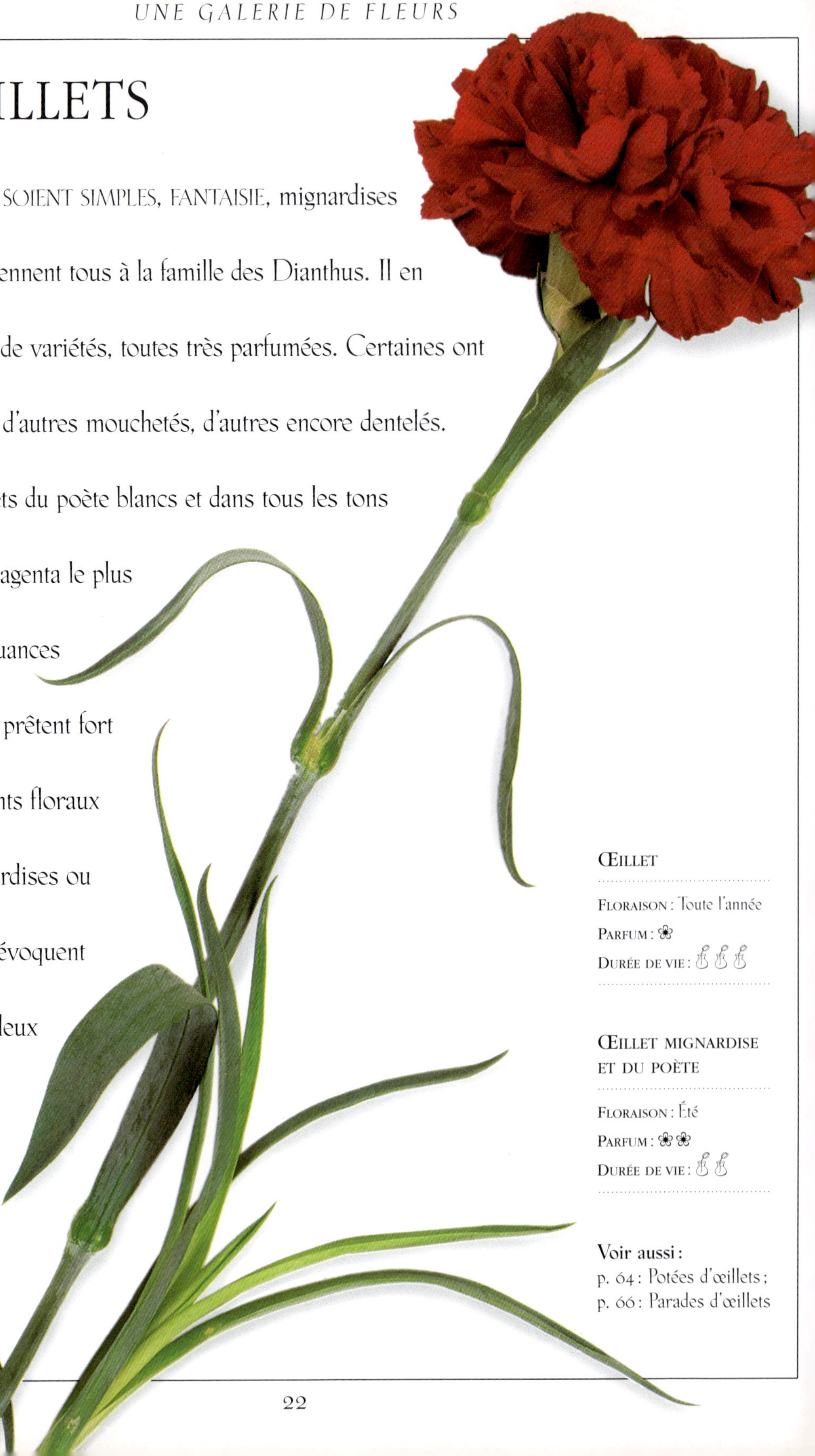

Les œillets, qu'ils soient simples, fantaisie, mignardises ou du poète, appartiennent tous à la famille des Dianthus. Il en existe des centaines de variétés, toutes très parfumées. Certaines ont des pétales ondulés, d'autres mouchetés, d'autres encore dentelés. On trouve des œillets du poète blancs et dans tous les tons de rose, depuis le magenta le plus profond jusqu'aux nuances les plus pâles. Ils se prêtent fort bien aux arrangements floraux tandis que les mignardises ou les œillets du poète évoquent toujours les merveilleux jardins de nos campagnes.

Œillet

Floraison : Toute l'année

Parfum : ❀

Durée de vie : ⚱ ⚱ ⚱

Œillet mignardise et du poète

Floraison : Été

Parfum : ❀❀

Durée de vie : ⚱ ⚱

Voir aussi :
p. 64 : Potées d'œillets ;
p. 66 : Parades d'œillets

Les Tournesols

Ces fleurs géantes, qui tiennent leur nom de leur somptueuse couleur jaune, évoquent l'été. En fleurs coupées, elles sont disponibles toute l'année, et les producteurs ont mis au point des variétés nouvelles, comme les tournesols miniature, ou ceux qui ont une double corolle, ou encore ceux au cœur jaune, ou aux pétales couleur d'ambre.

Caractéristiques

Floraison : Toute l'année

Parfum : ❀

Durée de vie :

Voir aussi : p. 68 : Bouquet de tournesols ; p. 70 : Parades de tournesols

LES DAHLIAS

ILS VARIENT PAR LEUR TAILLE ET LA FORME de leur fleur : pompon, à fleur collerette, à fleur d'anémone, dahlia cactus... La configuration assez naïve de la fleur, ainsi que la riche palette de ses coloris expliquent pourquoi les fabricants de fleurs artificielles les affectionnent tant, bien qu'ils poussent facilement dans les jardins. Ces fleurs se suffisent à elles-mêmes : vous obtiendrez un bouquet classique si vous les placez dans un vase en grès ou en céramique, et un bouquet plus contemporain si vous choisissez un amusant vase en plastique.

CARACTÉRISTIQUES

FLORAISON : Fin de l'été

PARFUM : Aucun

DURÉE DE VIE :

Voir aussi : p. 72 : Fruits et dahlias ; p. 74 : Parades de dahlias

Les lis

Par leur port magnifique, leur éclat spectaculaire et leurs couleurs, les lis, qui sont souvent très odorants, font de merveilleux bouquets de fleurs coupées. Son élégance rare en fait la fleur idéale pour les grandes occasions. Les corolles peuvent être rondes, en forme de trompette, d'entonnoir ou de chapeau turc, et les pétales parfois rayés ou mouchetés. Certains fleuristes suppriment leurs étamines qui donnent un pollen foncé pouvant tâcher les tissus.

Caractéristiques

Floraison : Toute l'année

Parfum : ❀❀❀

Durée de vie : ⚱⚱⚱

Voir aussi : p. 76 : Lis à l'Orientale ; p. 78 : Parades de lis

Les Gerberas

Très appréciés ils ressemblent à des marguerites, et on les trouve dans des variétés toujours plus nombreuses : simple, double et fantaisie. Leurs coloris vont des tons les plus pâles aux couleurs les plus intenses. Par sa forme simple, le gerbera a un aspect moderne, voire architecturé, si bien qu'une seule fleur produit un bel effet dans un vase en verre épuré. Vous pouvez aussi en ajouter quelques-uns à un bouquet classique pour le rendre plus contemporain.

Caractéristiques

Floraison : Toute l'année

Parfum : Aucun

Durée de vie :

Voir aussi : p. 80 : Gerberas intérieur-extérieur ; p. 82 : Instantanés de gerberas

FRUITS ET LÉGUMES

SOUVENT DES FRUITS ET DES LÉGUMES courants s'intègrent fort bien dans des bouquets. Vous pouvez en choisir des variétés inhabituelles, voire exotiques, mais l'effet peut être aussi spectaculaire avec des espèces classiques. Songez à la couleur, bien sûr, lorsque vous les choisirez, mais aussi à la texture de leur peau ou de leur écorce et à son dessin.

VASE EN FEUILLE DE CHOU
Entourez votre vase avec les feuilles d'un chou, et remplissez-le de légumes et de fleurs dont les tons rappellent ceux pourpre-violacé de l'hiver.

Voir aussi :
p. 72 : Fruits et dahlias ;
p. 84 : Vase-melon d'eau

Pomme rouge

Raisin noir

Mini-ananas

Courgettes

Aubergines

Cébettes

Oignon rouge

Petits piments

Chicorée de Trévise

LES FEUILLAGES

NE SOUS-ESTIMEZ PAS L'IMPORTANCE des feuillages dans un arrangement floral : la forme, la couleur et la texture des feuilles utilisées peuvent complètement changer l'aspect d'une fleur : ainsi un feuillage à tige raide et à feuilles charnues et brillantes rehaussera une rose, la rendant plus élégante, alors qu'un feuillage qui retombe la fera paraître plus douce, plus féminine. Dans la mesure du possible, choisissez du feuillage et des fleurs de saison.

HYPERICUM

Voir aussi : p. 86 : Lierre en couronne

Fragon (ou petit houx)

Buis

Fougère

Chatons

Lierre avec baies

Laurier-tin

Houx

Lierre rampant

Eucalyptus

Cinq minutes pour un bouquet

Dans ce chapitre, vous apprendrez à réaliser un bouquet élégant et structuré en quelques minutes. Certaines des présentations proposées demandent un peu plus de temps, mais elles en valent la peine. Ne vous sentez pas obligé de copier fidèlement les idées présentées, au contraire, prenez-les comme point de départ, et laissez libre cours à votre créativité. Choisissez toujours vos vases avec soin : leur forme, leur taille et leur couleur auront beaucoup d'importance pour l'aspect fini d'un bouquet. Comme vous le constaterez dans les pages qui suivent, les présentations les plus simples peuvent avoir un impact visuel étonnamment fort.

PETIT TOPIAIRE DE NARCISSES

CE QU'IL VOUS FAUT

5–6 bottes de narcisses | Un pot en verre | Un pot en terre vernissée | 2 poignées de mousse

AU PRINTEMPS, RIEN N'EST PLUS FRAIS au regard qu'une botte bien serrée de narcisses d'un jaune intense. Plutôt que de les disposer dans un vase, confectionnez cet insolite petit arbuste d'ornement, jouant sur le contraste entre la couleur vive des corolles, et le ton sourd du contenant. Cette présentation est très facile à réaliser et le résultat surprenant. N'oubliez pas cependant d'ajouter régulièrement de l'eau dans le pot.

POUR RÉALISER L'ARBUSTE

Assurez-vous que les tiges ne se tordent pas lorsque vous les groupez : vous obtiendrez ainsi un tronc bien net.

CRÉEZ UN EFFET DE DÔME en disposant les fleurs en cercle par rapport à une fleur centrale, chaque cercle étant un peu plus bas que le précédent.

1 Commencez avec une tige puis ajoutez les autres une par une de manière concentrique, en disposant les corolles vers l'extérieur. Une fois les tiges épuisées, liez la botte juste au-dessous des fleurs avec du raphia. Égalisez les queues.

2 Placez la botte ainsi confectionnée dans le pot rempli d'eau à mi-hauteur, puis placez ce dernier dans le pot vernissé. Garnissez celui-ci de mousse autour des tiges, et arrosez d'eau.

LIEZ AVEC UN NŒUD ou une élégante boucle en raphia

DROITES, SERRÉES, bien liées et nues, les tiges des narcisses constituent le tronc de ce petit arbuste d'ornement.

LA MOUSSE comble le vide entre les tiges et le bord du pot vernissé

INSTANTANÉS DE NARCISSES

EN VARIANT LES ESPÈCES, VOUS OBTIENDREZ DES EFFETS TRÈS DIFFÉRENTS, et vous aurez un impact visuel aussi fort avec une fleur unique qu'en jouant sur l'effet de masse. Si vous craignez que les longues tiges des narcisses paraissent nues, utilisez des feuillages, et choisissez vos vases avec soin.

LES COULEURS ET LES FORMES

PETIT ARBRE SANS FAÇON
Choisissez un vase dont le ton mettra en valeur le jaune plus sombre du cœur des fleurs.

DES FLEURS EN MASSE
Jouez sur le contraste entre le ton pâle des fleurs et celui très intense du vase : vous obtiendrez un effet dynamique.

BOUQUET CAMPAGNARD
Prenez un vase du même vert que celui du feuillage : vous en accentuerez le ton.

UNE MODERNE SIMPLICITÉ
Sélectionnez deux espèces de narcisses que vous couperez pour que les fleurs dépassent à peine du vase bleu.

DES COULEURS COMPLÉMENTAIRES
Le feuillage sert ici de lien entre les fleurs et le vase, et adoucit l'effet des narcisses.

DE SIMPLES HAMPES
Deux tiges ornées de fleurs délicates conviennent à merveille à la couleur et à la forme élancée de ce vase élégant.

Narcisses en pot
Pour habiller vos pots de narcisses, optez pour des éléments naturels : mousse, cailloux, brindilles.

Pour maintenir les tiges des narcisses, utilisez des brindilles que vous lierez avec de la ficelle verte rappelant la tige des fleurs

La mousse dissimule la terre

Alternative aux traditionnels paniers d'osier : ceux en fil de fer

FREESIAS SUSPENDUS

CE QU'IL VOUS FAUT

Trois tubes en verre

Du fil de fer argenté

Une botte de freesias

LES COULEURS FRAÎCHES ET GAIES des freesias sont parfaitement mises en valeur dans les présentations les plus simples. Ici, on garnira de deux tiges fleuries de délicats tubes de verre, que l'on suspendra ensuite grâce à du fil de fer argenté brillant. Cette idée est facilement adaptable : vous pouvez accrocher quelques tubes à un tableau d'affichage pour égayer un bureau, ou les suspendre pour décorer un arbre de Noël.

POUR RÉALISER CETTE PRÉSENTATION

Assurez-vous que vous disposez de suffisamment de fil métallique pour suspendre les tubes à la hauteur désirée.

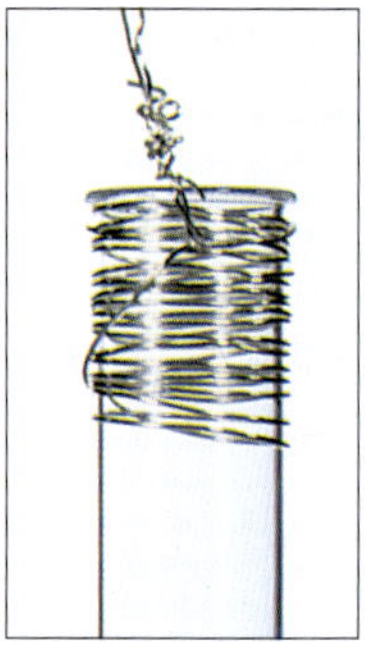

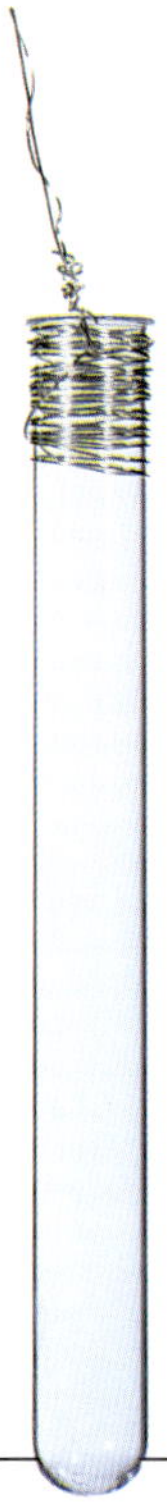

1 Entourez de fil métallique le haut du tube en verre, pour faire comme un manchon, puis tordez-le afin de le maintenir en place.

2 Remplissez le tube d'eau et garnissez-le d'une ou deux tiges de freesia. Accrochez-le ensuite à un tableau ou suspendez-le devant une fenêtre.

DÉPOURVUS DE FEUILLES, les freesias conviennent parfaitement à ce type de présentation

LES FLEURS ACCROCHÉES
Si vous accrochez quelques tubes ainsi fleuris à un tableau, vous donnerez une note de couleur à la pièce, et l'effet sera certain. Dans la mesure du possible, placez ces tubes près d'une fenêtre pour que l'eau qu'ils contiennent et le fil de fer qui les entoure miroitent dans la lumière.

GIRANDOLE DE JACINTHES

CE QU'IL VOUS FAUT

Un contenant en verre, peu profond et de large diamètre

Un vase en verre de forme cylindrique

20 fleurs de jacinthes

14 bulbes de jacinthes nettoyés

LES JACINTHES, QUI CONVIENNENT À TOUS LES DÉCORS, connaissent un regain de popularité. Modifiez l'aspect et l'esprit de ce centre de table en le réalisant dans des vases différents : en grès pour une atmosphère plus rustique ; en verre pour un effet sobre et contemporain. Ici, le récipient à bords bas laisse voir les racines des bulbes dans l'eau, tandis que le bouquet de fleurs, d'un superbe bleu-violet, accroche le regard.

POUR CONFECTIONNER LA GIRANDOLE

Placez les bulbes sur le pourtour du récipient à bords bas, juste au-dessus du niveau de l'eau. Les jacinthes coupées dureront environ 10 jours, mais changez leur eau tous les 2 ou 3 jours.

1 Remplissez le vase d'eau et placez-le au centre du récipient à bords bas que vous remplirez ensuite d'eau à mi-hauteur. En commençant par placer les fleurs périphériques, disposez les jacinthes dans le vase en arrangeant régulièrement leurs tiges.

2 Disposez les bulbes un par un en anneau autour du vase. Coincez-les entre les bords du vase et ceux du récipient à bords bas, de sorte que leurs racines effleurent l'eau, mais il ne faut pas ,que les bulbes eux-mêmes touchent l'eau.

CETTE PRÉSENTATION PEUT ÊTRE ÉVOLUTIVE : lorsque les jacinthes sont fanées, remplacez-les par des galets et attendez que les bulbes fleurissent.

PARADE DE JACINTHES

LA CHAUDE COULEUR des pots en terre cuite met bien en valeur les verts, roses et mauves vibrants des jacinthes. Un vase en verre rempli de cailloux et de coquillages donnera un effet complètement différent, alors qu'un bouquet de jacinthes coupées, entouré d'un papier de soie de couleur, fera un cadeau simple et parfait.

JACINTHES COUPÉES Attention à la couleur du vase : ici, le rose shocking du papier et le bleu vif du vase créent un effet des plus spectaculaires.

DU PAPIER DE SOIE ROSE, et de la ficelle verte pour envelopper un bouquet de fleurs violettes et mauves

CE VASE BLEU confère un charme particulier à deux fleurs de jacinthe

JACINTHES EN POT
Pour changer des jacinthes coupées, plantez des bulbes dans des pots en terre cuite façonnés. Cachez la terre avec de la mousse, et n'oubliez pas d'arroser régulièrement.

LES PETITES FLEURS DE LA JACINTHE, en s'ouvrant, parfument divinement une pièce

LES BOUTONS sont sur le point d'éclore

LA MOUSSE dissimulera la terre, et adoucira l'ensemble de la présentation

DES GALETS ET DES COQUILLAGES pour une jacinthe plantée dans un contenant en verre

TULIPES ENRAPHIANNÉES

CE QU'IL VOUS FAUT

Un grand vase rond en verre

Un petit vase rond en verre

Du raphia

4 tulipes radis

6 tulipes roses

10 tulipes violettes

CETTE VOLUPTUEUSE PRÉSENTATION DE TULIPES est nichée dans un petit buisson de raphia qui change totalement l'aspect d'un simple vase en verre. La couleur du raphia est assortie à celle des tulipes, mais vous pouvez réaliser cette présentation dans des tonalités orange vif, rouge et rose. Pour un effet plus naturel, remplissez le contenant de galets, de coquillages, ou de papier de soie de couleur.

POUR RÉALISER LA PRÉSENTATION

Afin que l'eau ne croupisse pas, débarrassez les tulipes de leurs feuilles les plus basses avant de les disposer dans le vase. Pour un effet plus dépouillé et très contemporain, enlevez toutes les feuilles.

1 Remplissez d'eau le petit vase et placez-le au centre du plus grand. Garnissez de raphia le vide entre les deux récipients de façon à dissimuler complètement le petit. Disposez le raphia avec élégance.

2 Placez les tulipes violettes sur le pourtour du vase intérieur, de sorte que leurs têtes appuient juste au bord du vase extérieur. Disposez ensuite les tulipes roses et les tulipes radis à l'intérieur de ce premier cercle de fleurs violettes.

UN AIR NATUREL
Pour cette présentation, les fleurs sont disposées librement de sorte que le bouquet paraît très naturel.

LES TULIPES LES PLUS CLAIRES forment un effet de contraste au centre de cette présentation

LES TULIPES LES PLUS SOMBRES s'appuient gracieusement sur le bord du vase extérieur, parachevant l'effet naturel

LE RAPHIA placé entre les deux vases dissimule les tiges

INSTANTANÉS DE TULIPES

POUR PRÉSENTER UN BOUQUET, rien n'est plus rapide que de placer une brassée de fleurs dans un vase. L'important est d'assortir la forme et la couleur du contenant à celles des fleurs et de décider si l'on utilise seulement quelques tulipes, ou si l'on recherche un effet d'opulence, avec beaucoup de fleurs et du feuillage.

LA COULEUR ET LA FORME

UN EFFET CHOC
Osez un vase d'un beau rose shocking pour y placer des tulipes rose tout aussi vif.

DES TONS PASTEL TRÈS DOUX
Ici, on rehausse le jaune un peu citron des tulipes en les plaçant dans un vase d'un jaune plus soutenu.

UN EFFET DE CONTRASTE
Pour un arrangement moderne, placez des tulipes d'un bel orange flamme dans un vase vert vif.

POUR UN VASE ÉVASÉ
Remplissez-le avec suffisamment de tulipes pour qu'elles s'incurvent élégamment.

POUR UN VASE À COL ÉTROIT
Il vous faut, avec ce type de vase, un bouquet composé d'un nombre restreint de tulipes.

POUR UN VASE LARGE ET BAS
N'hésitez pas à couper vos tulipes très court et à les présenter comme un buisson, dans les vases de ce type.

UN POT EN TERRE CUITE rempli de lierre avec ses baies, et de tulipes perroquet

UN AUTRE USAGE POUR LE FEUILLAGE
Innovez en habillant votre vase de feuilles de lierre, comme ci-contre, à droite. Maintenez-les avec du fil de cuivre, et votre vase n'aura plus rien de commun avec le cube en verre passe-partout qu'il était à l'origine. Coupez les tulipes courtes afin que seules leurs têtes dépassent du bord du vase.

BLANCHES RENONCULES

CETTE PRÉSENTATION FRAÎCHE ET AÉRIENNE, se réalise facilement avec de belles renoncules aux lourdes fleurs blanches. Choisissez un vase dont le bord s'évase, les tiges de votre gros bouquet s'inclineront ainsi avec grâce. Les coquillages blancs et les galets qui remplissent celui-ci n'évoquent pas seulement les beaux jours et les plages de sable fin, mais ils accentuent la pâle blancheur des fleurs et aident à maintenir leurs tiges.

CE QU'IL VOUS FAUT

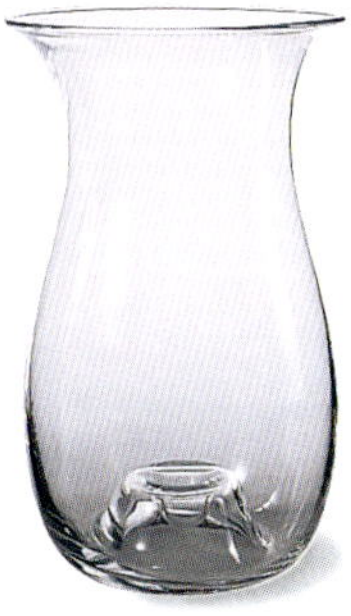

Un vase évasé en verre

Des coquillages blancs et des galets

30 fleurs de renoncules

POUR RÉALISER LE BOUQUET

Glissez les tiges des renoncules entre les coquillages et les galets. Vous pourrez ainsi les placer exactement où vous voulez.

1 Remplissez à demi le vase de coquillages et de galets en disposant les plus jolis contre la paroi. Remplissez d'eau.

2 Disposez les renoncules dans le vase en commençant par une sorte de couronne autour du bord. Pour cela insérez doucement les tiges entre les galets et les coquillages. Comblez ensuite le centre du bouquet.

LES FLEURS s'évasent gracieusement par-dessus le bord de la base

LES COQUILLAGES EN NACRE brillent dans l'eau

ATTIRANTE PÂLEUR
Par ses tons de blancs, ce bouquet constitue une fraîche présentation pour une chaude journée d'été.

PARADE DE RENONCULES

LES RENONCULES SONT D'UNE TELLE BEAUTÉ qu'il n'est pas nécessaire de leur adjoindre quoi que ce soit, dans un bouquet. À mesure que leurs corolles s'ouvrent, les fleurs semblent plus lourdes, leurs tiges s'inclinent avec grâce et leurs têtes penchent nonchalamment par-dessus le bord du vase.

PURETÉ ET SIMPLICITÉ
Groupez des renoncules blanches dans des petits pots en fer blanc ou en aluminium, disposez-les ensuite sur un plateau argenté, autour d'une grosse bougie de couleur naturelle.

LES BOUTONS offrent un contraste de couleur

UN FEU D'ARTIFICE DE COULEURS Disposez d'abord les fleurs contre les parois du contenant, puis remplissez le centre, en appuyant les fleurs sur celles qui sont déjà en place. Les soucis ou les asters conviennent également à ce type de présentations.

RÉALISEZ avec des renoncules roses un arbuste d'ornement (voir page 38)

DES TUBES EN VERRE, utilisés comme soliflores, mettront en valeur la jolie tige d'une renoncule

LES RENONCULES ont été coupées au ras du vase et on les a mélangées avec des baies de gaultheria

PIVOINES PLEINES FLEURS

CE QU'IL VOUS FAUT

Du ruban adhésif

Un vase à encolure évasée

12 pivoines rose moyen

3 pivoines rouge intense

4 pivoines rose pâle

LES PULPEUSES PIVOINES prennent un look très contemporain lorsqu'on les choisit en dégradés d'un même ton et qu'on les place dans un vase de couleur vive. Ici, leur disposition paraît très naturelle, cependant les lourdes têtes sont maintenues grâce à un quadrillage de ruban adhésif, et l'encolure évasée du contenant permet d'obtenir un effet de gros bouquet alors qu'un nombre restreint de fleurs a été utilisé.

POUR RÉALISER LE BOUQUET

Gardez les fleurs qui constitueront le centre du bouquet un peu plus longues que celles de la périphérie afin d'obtenir un effet de dôme, ou, pour un effet plus plat, coupez toutes les tiges à la même longueur.

1 Remplissez d'eau le vase. Quadrillez son ouverture avec du ruban adhésif, ménageant assez d'espace entre les croisillons pour y loger les tiges des fleurs.

2 Disposez les pivoines dans les trous du quadrillage, en commençant par ceux de la périphérie. Mettez dans chaque espace, une ou deux pivoines, selon la grosseur du trou, et disposez les fleurs de sorte que leur feuillage entoure le bouquet.

C'EST LE QUADRILLAGE en papier adhésif qui maintient les fleurs

LES ÉTAMINES JAUNES créent un superbe contraste de couleurs

LE FEUILLAGE disposé vers l'extérieur cache t oute trace du quadrillage en ruban adhésif, et encadre joliment les fleurs

LA COULEUR VERTE du vase en verre dépoli modernise l'effet des pivoines

UNE COULEUR UNIQUE Un bouquet réalisé avec une seule espèce de fleurs toutes du même ton a parfois un impact visuel plus marquant qu'un bouquet mélangé.

PARADE DE PIVOINES

LES PIVOINES SONT DES FLEURS À L'OPULENCE PULPEUSE. Leurs énormes têtes couronnées d'une masse de pétales en font des fleurs très appréciées. Elles ont volontiers un aspect simple et campagnard lorsqu'elles sont disposées dans un pichet avec du feuillage, mais vous leur conférerez un look très stylisé si vous les disposez dans un vase contemporain en verre.

CERISES ROUGES
Placez un petit récipient rempli d'eau au centre de ce vase en verre, et entourez-le de cerises. Remplissez le récipient de pivoines et de roses.

LES ROSES THÉ se marient merveilleusement avec les pivoines à cause des reflets rosés de leur couleur jaune

Les pots à eau au style campagnard font de charmants vases. Pour que votre bouquet ait l'air spontané, groupez les fleurs par quatre ou cinq tiges à la fois.

Des tiges de différentes longueurs donnent du naturel à un bouquet

Les hampes d'astilbe rose se marient bien avec les pivoines roses

Le vert-jaune de l'alchémille rehausse et ravive le rose profond des pivoines

Le feuillage des astilbes encadre les fleurs

CAISSETTES DE ROSES

CE QU'IL VOUS FAUT

32 roses orangées — 32 roses jaunes — 4 contenants en fer blanc étanches

CETTE FAÇON TRÈS CONTEMPORAINE DE PRÉSENTER des roses joue sur les contrastes entre les couleurs et les matières. Les fleurs sont groupées en quatre bottes compactes d'une même couleur, et ont été dépouillées de leurs feuilles pour ne pas rompre l'effet de masse. Si vous raccourcissez beaucoup vos roses, elles dureront plus longtemps. Vous pouvez obtenir des présentations similaires avec d'autres fleurs : tulipes, anémones, œillets ou asters.

POUR RÉALISER LA PRÉSENTATION

Assurez-vous que les roses sont toutes de la même longueur. Si elles sont inégales, vous n'obtiendrez pas le même effet de masse.

1 Taillez votre première rose de la hauteur exacte de votre caissette afin que la fleur dépasse juste du bord. Sectionnez sa tige en diagonale. Ensuite taillez toutes les roses à cette même longueur. Remplissez d'eau les contenants.

2 Placez le long des bords des caissettes les fleurs les moins ouvertes, et gardez les plus épanouies pour le centre. Remplissez chaque contenant de roses d'une même couleur. Groupez-les ensuite selon l'effet que vous recherchez.

DAMIERS DE FLEURS
Si vous garnissez quatre caissettes, vous pouvez ensuite les disposer de différentes manières : alignez-les sur un appui de fenêtre, ou groupez-les pour un effet plus spectaculaire.

LES CONTENANTS en fer blanc contrastent avec le velouté des fleurs

AINSI GROUPÉES, les fleurs se soutiennent l'une l'autre

INSTANTANÉS DE ROSES

D'UNE ÉTONNANTE DIVERSITÉ et généralement parfumées, les roses peuvent créer des effets très différents. Qu'elles se parent d'une aura romantique, désuète, moderne ou désinvolte, l'effet rendu dépend essentiellement du vase, de la manière dont vous les mélangerez avec d'autres fleurs, et de la couleur sélectionnée.

LA COULEUR ET LA FORME

COULEUR À SATIÉTÉ
Laissez flotter un calice jaune dans un joli récipient en verre jaune : le comble de l'élégance pour un dîner.

SYMPHONIE EN BLANC
Une grosse bougie blanche entourée de roses, blanches aussi, dans un contenant en fer émaillé.

DES TUBES À ESSAI
Pour cette version très moderne, variez la longueur des tiges, et ne remplissez pas tous les tubes.

DES TIGES de différentes longueurs donnent plus de naturel à un bouquet

QUELQUES FEUILLES feront un contraste de couleurs

DES ROSES DE « BOUDOIR »
Choisissez des fleurs d'un beau rose intense, coupez-les courtes et placez-les bien serrées dans une coupe en porcelaine de couleur crème.

LES ROSES PLACÉES au centre de ce bouquet sont celles avec les tiges les plus longues et les fleurs les plus grosses

LES FLEURS ont d'abord été disposées sur le pourtour du bouquet, en appuyant leurs têtes sur le bord du vase

CETTE URNE EN MÉTAL n'est pas étanche, mais elle cache un vase en verre dans lequel on a disposé les roses

ARRANGEMENT POUR UNE ENTRÉE
Ce vase d'extérieur en métal et d'une forme classique, demandait un bouquet composé de plusieurs variétés de roses. Ici elles sont multicolores et assez ouvertes pour donner l'impression qu'elles viennent juste d'être coupées au jardin.

POTÉES D'ŒILLETS

CE QU'IL VOUS FAUT

Un pot en terre cuite peint

Un vase en verre

20 œillets

NE DISPOSEZ PAS VOTRE BOTTE D'ŒILLETS en vrac dans le vase. Prenez le temps de raccourcir leurs tiges pour les présenter en masse. Certes, ils ne retomberont pas gracieusement par-dessus les bords du vase, mais vous mettrez ainsi en valeur leurs points forts, c'est-à-dire leurs tiges bien droites et leurs tons de sucre d'orge.

POUR RÉALISER LES POTÉES

Peignez des pots en terre cuite avec de la peinture qui résiste à l'eau. C'est une façon économique de réaliser des vases adaptés aux fleurs choisies.

1 Remplissez d'eau un verre à bords droits et placez-le dans un pot en terre.

2 Disposez les œillets dans le verre après les avoir coupés de telle sorte que les têtes des fleurs reposent sur le bord du pot. Garnissez le centre avec des œillets un peu plus longs.

LES TÊTES BIEN SERRÉES des œillets créent une note de couleur intense

UN POT EN TERRE CUITE peint avec de la peinture qui résiste à l'eau

VARIEZ SELON LES SAISONS Changez les couleurs : mettez des fleurs rouges dans un pot vert pour Noël, ou des fleurs orange dans un vase marron en automne.

PARADE D'ŒILLETS

ON PEUT RÉALISER AVEC LES ŒILLETS des bouquets très modernes. Il suffit de jouer avec leurs coloris vifs et tendres, plutôt que de chercher à les assourdir. Si vous liez une botte par les tiges, en maintenant les têtes de fleurs bien serrées et que vous les placez dans un pot en terre cuite, vous obtiendrez un amusant arbuste d'ornement. Pour un bouquet un brin théâtral, associez les tons de mauve et de rose des œillets du poète, des mignardises et des fleurs d'hortensia, que vous disposerez dans un pot d'une couleur tonique.

DU RAPHIA DE COULEUR VIVE retient les tiges des œillets juste sous les têtes

LA SPLENDEUR DES ROSES ROUGES confère à ce bouquet un luxe et un raffinement inattendus

BOUQUET ROMANTIQUE
Confectionnez un petit bouquet rond (voir p. 114), avec des œillets rouge sombre, des roses rouges, et des œillets du poète également rouges, que vous lierez avec du raphia rose shocking.

PETITS TOPIAIRES D'ŒILLETS
Les longues tiges bien droites des œillets conviennent à merveille à cette présentation. Prenez les tiges une par une puis liez-les en les serrant bien, et disposez-les dans un verre rempli d'eau que vous aurez placé à l'intérieur d'un pot en terre préalablement peint.

LES TÊTES DES ŒILLETS sont bien serrées pour former une masse de couleur intense

DE DÉLICATS ŒILLETS mignardise comblent les vides entre les grosses fleurs d'hortensia

UN VASE MAUVE
Peignez un pot avec un mélange de peintures à l'huile pour lui donner une couleur qui rehaussera l'aspect un peu désuet des fleurs d'hortensia, des œillets du poète ou mignardises.

BOUQUET DE TOURNESOLS

CE QU'IL VOUS FAUT

Un vase cylindrique en verre — *Une bonne quantité de raphia* — *5 gros tournesols* — *10 petits tournesols*

LE RAPHIA JAUNE D'OR rehausse la couleur de ces fleurs superbes, et confère à ce bouquet rustique une allure plus moderne. La hauteur du vase équilibre la grosseur des fleurs, et le feuillage vert atténue l'effet du jaune. Lorsque les fleurs commencent à faner, arrachez leurs pétales pour laisser voir le calice vert. Pour varier cette présentation, choisissez du raphia de couleur différente, ou même du galon.

POUR RÉALISER LA PRÉSENTATION

Coupez vos tiges à peine plus longues que le vase. Il faut que les fleurs qui constitueront le centre du bouquet soient un peu plus hautes. Pour éviter qu'elles ne pourrissent, débarrassez les tiges des feuilles qui se trouveraient immergées dans l'eau.

1 Entourez le vase de raphia en commençant par le bas. Lorsque vous avez épuisé une longueur de raphia, nouez la suivante à l'extrémité de la précédente. Il faut que le vase soit entièrement recouvert.

2 Remplissez le vase d'eau. Disposez les tournesols en commençant par ceux de la périphérie (il faut que les têtes reposent sur le bord). Remplissez ensuite le cœur du bouquet avec les tournesols les plus longs, et comblez les vides éventuels avec des feuilles.

LE VERT DES FEUILLES crée un heureux contraste de couleurs

LE RAPHIA qui dissimule le vase donne au bouquet un aspect complètement différent

PLEIN SOLEIL
Le raphia jaune rehausse la couleur ensoleillée des fleurs mais, pour un effet plus sophistiqué, vous pourriez utiliser aussi du galon doré.

PARADE DE TOURNESOLS

LES BOUQUETS DE TOURNESOLS ont facilement une allure campagnarde. C'est pourquoi les vases en terre choisis dans des tons chauds, donneront à ces arrangements un petit air de Provence. En revanche, les trois fleurs dans leurs tubes en verre font une présentation très moderne. Lorsque les pétales commencent à flétrir, essayez de les arracher pour qu'apparaisse le calice vert. N'hésitez pas à couper très court les tournesols : voyez comme cette unique fleur qui dépasse juste de ce vase en poterie vernissée est décorative : elle prouve que l'on peut réaliser d'étonnants bouquets même avec un budget très limité.

BRONZE ET OR
Par leur couleur chaude et leur aspect satiné, ces cubes en bois tout simples se marient très bien avec des vases en poterie traditionnelle.

UN VASE EN TERRE CUITE DÉCORÉE ajoute une note provençale qui convient parfaitement aux tournesols

ENSOLEILLEMENT
En commençant par la périphérie, disposez les tournesols en cercles concentriques. Il faut que les têtes reposent sur le bord du vase.

FRUITS ET DAHLIAS

CE QU'IL VOUS FAUT

Un vase de couleur

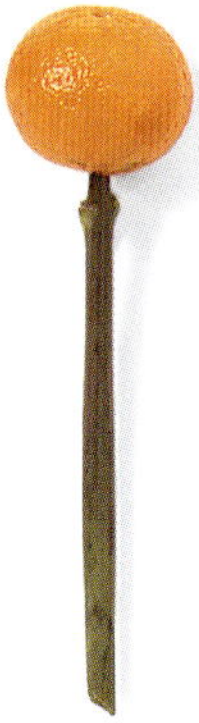

5 mandarines piquées sur des bâtonnets

9 dahlias avec des feuilles

SI VOUS VOULEZ CRÉER DES EFFETS PLUS ORIGINAUX, ne limitez pas votre choix à des fleurs. Pour cette présentation amusante, le bel orange des mandarines accompagne parfaitement le rouge lie de vin de dahlias pompon. Les feuilles vertes – qui ont été détachées des tiges – rompent les couleurs intenses et structurent le bouquet. Quant au vase moderne de couleur abricot, il met en valeur les têtes sombres des dahlias.

POUR RÉALISER LA PRÉSENTATION

Avec des ciseaux, faites un trou dans les mandarines. Si les tiges des dahlias sont assez rigides, utilisez-les en guise de bâtonnets, sinon prenez des petits tuteurs pour plante ou n'importe quels petits bouts de bois.

1 Remplissez d'eau le vase et disposez les mandarines sur son pourtour.

2 Placez les dahlias entre les fruits, comblez les vides avec le feuillage que vous aurez détaché des fleurs. Finissez en disposant quelques dahlias plus haut et du feuillage au centre du bouquet.

Les dahlias disposés au centre sont un peu plus hauts que ceux de la périphérie

Les mandarines reposent sur le bord du vase, ne risquant pas ainsi d'écraser les fleurs

Le feuillage rompt les formes très rondes des fleurs et des fruits

Fleurs et fruits
Variez cette présentation en choisissant des pommes, ou des citrons jaunes ou verts, que vous associerez avec des fleurs de couleurs coordonnées.

Placez le vase sur une table basse pour que l'on puisse le voir du dessus.

PARADE DE DAHLIAS

IL EXISTE DES DAHLIAS DE TOUTES LES COULEURS, de toutes les formes et de toutes les grosseurs. C'est pourquoi il est facile d'en faire des bouquets opulents sans leur ajouter d'autres fleurs. Ici, la coupe en plastique vert–jaune répond à l'intensité de la couleur des corolles, leur donnant un aspect étonnamment moderne pour de simples fleurs de jardin. Pour ce type de présentation, coupez les dahlias très courts et serrez bien leurs têtes afin d'obtenir avec l'éclat vibrant des coloris de fin d'été, un bel effet de masse.

SIMPLE MAIS CHARMANT
Cet arrangement démontre que l'on peut réaliser de charmants bouquets avec peu de fleurs. Si vous sélectionnez bien vos couleurs, vous créerez un effet visuel très fort avec quelques fleurs seulement.

DES DAHLIAS ROUGE INTENSE dans une coupe vert–jaune

GROUPÉES par deux ou trois, les fleurs d'une même couleur ont un impact plus fort qu'une fleur isolée

LES FEUILLES dépassent de la coupe

LES FLEURS DISPOSÉES AU CENTRE sont un peu plus longues que celles de la périphérie

EFFET DE MASSE
Les têtes des fleurs sur la périphérie du bouquet reposent sur le bord de la coupe. Garnissez ensuite le centre en appuyant les fleurs sur celles déjà en place, formant ainsi des cercles concentriques.

LES DAHLIAS débordent légèrement de la coupe

LES FEUILLES encadrent les fleurs

LIS À L'ORIENTALE

CE QU'IL VOUS FAUT

QUELQUES LIS SUFFISENT pour cette composition qui évoque une sculpture. Ce bouquet moderne avec un côté éthéré fait songer à certains styles orientaux. Haut et fort élégant, il a sa place sur une table basse dans une pièce vaste et dépouillée. Les fleurs pâles sont ici rehaussées avec du raphia de couleur, mais vous pouvez opter pour des lis de couleur vive que vous agrémenteriez de nœuds en raphia plus discret.

POUR RÉALISER LA PRÉSENTATION

Confectionnez-la à l'endroit même où vous désirez la placer car elle est trop lourde pour être transportée. Ajoutez-lui de l'eau tous les jours.

1 Disposez avec précaution les galets dans le vase et remplissez celui-ci d'eau. Glissez les branches de saule noueux entre les galets, et calez-les. Il faut qu'elles soient bien verticales.

2 Coincez les lis entre les galets. Eux aussi doivent être verticaux. Puis, avec le raphia, nouez en plusieurs endroits les branches de saule aux lis.

STYLE MINIMALISTE
Cette présentation très pure s'inscrit parfaitement dans un décor minimaliste. Elle sera parfaitement mise en valeur dans une vaste pièce à la décoration dépouillée.

PARADE DE LIS

PURS ET ÉLÉGANTS, les lis et les arums demandent des contenants simples afin de donner la pleine mesure de leur beauté. Les vases en verre à fond épais sont parfaits. Choisissez donc des récipients qui mettent en valeur leurs différentes formes : ainsi les longs lis arum sont magnifiques dans un vase haut et étroit, alors qu'une unique fleur de lis peut s'appuyer avec langueur sur le bord d'un récipient bas.

FLEURS ET FEUILLAGE s'épanchent gracieusement du bord du vase

DES LIS ROSE SOURD groupés dans un vase carré en verre

La transparence du cristal
Accentuez l'effet scintillant des vases en verre transparent en les groupant et en changeant leur eau tous les jours afin qu'elle soit toujours limpide et fraîche.

Le vert sombre des feuilles de monstera (communément appelée caoutchouc) rehausse le vert de ces lis 'Empress of India'

Des vases à col haut conviennent aux longs arums gracieux

Les tiges sont débarrassées de leurs feuilles pour que l'eau reste claire

GERBERAS INTÉRIEUR-EXTÉRIEUR

CE QU'IL VOUS FAUT

Un vase cylindrique en verre

Un élastique — *Les tiges de 10 gerberas* — *De la ficelle jaune* — *10 gerberas*

LE VASE APPROPRIÉ pour le bouquet envisagé n'est pas toujours à portée de la main. Dans ce cas, cherchez la solution dans la cuisine. Ici, les gerberas sont disposés dans un simple verre à orangeade habillé avec les tiges des fleurs. D'un beau vert frais, elles sont maintenues avec de la ficelle de couleur. Reproduisez cette présentation avec des fleurs de différentes couleurs, et disposez-les comme centre de table.

POUR RÉALISER CETTE PRÉSENTATION

Coupez les gerberas à la longueur exacte de la hauteur du vase, et conservez les tiges. Si vos fleurs ont la tige trop courte, entourez le verre qui sert de vase avec des haricots plats.

1 Enfilez un élastique sur le verre et glissez les tiges à l'intérieur de cet élastique de manière à habiller complètement le vase.

2 Maintenez les tiges en position avec de la ficelle jaune, puis enlevez l'élastique. Égalisez les tiges pour qu'elles soient de la hauteur exacte du verre, et remplissez celui-ci d'eau avant d'y disposer les fleurs.

Les gerberas coupés tous à la même longueur, font un effet de masse

Attachez la ficelle avec un nœud tout simple, votre bouquet n'en aura que plus de charme, et jouez le contraste des couleurs

Un vase astucieux
Cette technique d'habillage d'un vase avec des tiges, peut être reproduite avec d'autres fleurs à queues longues comme les narcisses, les anémones et les lachenalias.

INSTANTANÉS DE GERBERAS

POUR LES BOUQUETS DE GERBERAS, choisissez des vases en accord avec les couleurs et la forme des fleurs. On trouve en effet des gerberas dans les tons les plus variés, et à cause de sa forme très stylisée, une fleur unique est superbe dans un soliflore. Mais elle est également très élégante en gros bouquets.

LES COULEURS ET LA FORME

DOUBLE INTENSITÉ
Choisissez un vase de la même couleur que les fleurs pour un impact visuel maximum.

BI-COLORE
Jouez sur l'effet de contraste avec des fleurs de deux couleurs tranchées, et un vase assorti à l'une d'elles.

GERBERA À LONGUE TIGE
Optez pour un vase à long col de couleur verte pour accentuer la pureté et la fraîcheur de cette fleur blanche.

CINQ TIGES
Garnissez un vase à col étroit de cinq fleurs dont vous aurez choisi la couleur un ton au-dessous de celui du vase.

DIX TIGES
Pour un impact plus fort, ajoutez cinq fleurs d'une couleur complémentaire.

CINQ TIGES ET DU FEUILLAGE
Une ou deux grosses feuilles charnues comme celles de l'anthurium, par exemple, changent radicalement le style du bouquet.

Des fleurs de longueur inégale donnent de la spontanéité à un bouquet

Les longues tiges vertes dépourvues de feuilles confèrent beaucoup d'élégance au bouquet

Le pot en terre cuite n'est pas étanche, mais il cache un vase en verre dans lequel sont disposés les gerberas

Accord parfait

Le contenant convient parfaitement aux fleurs : les petits points pâles sur la terre cuite répondent au ton clair des gerberas, et le bord festonné fait écho à la forme des pétales.

VASE-MELON D'EAU

CE QU'IL VOUS FAUT

Un chou d'ornement — *Un melon d'eau* — *2 fleurs d'hortensia* — *1 branche de lierre avec ses baies* — *1 chardon « alpina »*

DES FRUITS DONNENT DE L'ORIGINALITÉ à une présentation florale. Ce melon d'eau évidé n'a pas été assorti de fleurs tropicales, l'accent a été mis sur les tons de vert poudré de l'écorce avec des fleurs d'hortensia et du chardon alpina. Cette présentation sera du plus bel effet placée au centre du buffet, un soir de réception. Vous pourriez, par exemple, la flanquer de melons évidés et remplis de petits zakouskis.

POUR RÉALISER LA PRÉSENTATION

Si vous choisissez un gros melon d'eau, prévoyez davantage de fleurs et de feuillage pour le garnir.

1 Coupez le haut du melon d'eau, et évidez sa chair. Une fois vide, remplissez-le d'eau, et placez le chou d'ornement sur le devant.

2 Ajoutez les fleurs d'hortensia, en les appuyant contre le bord de l'écorce. Terminez la présentation avec le chardon que vous disposerez au centre.

LE BLEU DU CHARDON fait écho aux reflets bleutés des feuilles de chou

LES FEUILLES CHARNUES et luxuriantes du chou ornemental en font le point de mire de la présentation

AU FIL DES SAISONS
Pour varier avec les saisons, utilisez des courges et des potirons évidés que vous remplirez, par exemple, de choux et de coloquintes.

LIERRE EN COURONNE

CE QU'IL VOUS FAUT

De la ficelle

5 longues branches de mélèze ou 5 rameaux de bois

5 branches de mélèze ou 5 rameaux de bois dorés à la peinture en bombe

3 longues lianes de lierre inégalement dorées avec de la peinture en bombe

3 mètres de ficelle que vous aurez dorée à la bombe

LA MÉTHODE TRADITIONNELLE pour confectionner une couronne exige du temps et de l'expérience. En revanche celles toutes simples, présentées ici et qui sont créées avec du feuillage d'hiver, se réalisent en quelques minutes. En outre, vous pouvez leur donner des styles différents : avec du gui, vous aurez une vraie couronne de Noël ; avec des rameaux de bois nus habillés avec du feuillage et des fleurs d'été, vous aurez une couronne estivale.

POUR RÉALISER LA COURONNE DE LIERRE

Choisissez du lierre très frais et des branches de mélèze ou des rameaux de bois bien souples, sinon vous aurez du mal à les courber. Utilisez de la peinture dorée en bombe pour rehausser les feuilles de lierre et les branches.

1 Entortillez les branches ou les rameaux les uns sur les autres pour obtenir une armature assez large. Nouez les morceaux avec de la ficelle si nécessaire, puis courbez l'armature en cercle, et attachez solidement. Taillez ensuite les morceaux de bois qui dépassent, et utilisez-les pour combler les vides éventuels dans l'armature.

2 Enroulez et insérez le lierre dans la couronne, en répartissant bien les feuilles dorées. Recouvrez ensuite la ficelle qui maintient l'armature avec de la ficelle dorée dont vous laisserez pendre deux brins assez longs, qui serviront à suspendre la couronne, ou auront simplement un effet décoratif.

LES BRINS DE FICELLE DORÉE donnent à la couronne une élégance très contemporaine

UN FEUILLAGE FESTIF
L'effet de votre couronne dépend essentiellement du feuillage choisi. Pour une couronne de Noël traditionnelle (ci-dessus, en haut) choisissez du houx que vous parerez d'un superbe ruban aux tons changeants de rouge et de vert.

PRÉSENTATIONS DE PRINTEMPS

LES FLEURS DE PRINTEMPS ont un fort impact visuel avec un minimum d'effort de présentation. Le secret réside dans l'art d'harmoniser le contenant avec les fleurs. N'oubliez pas qu'un vase par sa forme, sa matière et sa couleur, peut changer complètement le style d'un bouquet. Ici les contenants de couleur orange mettent particulièrement en valeur les tons des lachenalias et des fritillaires, tandis que des seaux en fer blanc sont d'un effet plus contemporain.

TOUS EN RANG
Muscaris mauves, lierre vert et primevères miniatures dans des seaux de fer blanc créent de joyeuses notes de couleur.

LES REFLETS ARGENT du séneçon font écho à ceux du contenant

Les couleurs de printemps Pour harmoniser plusieurs bouquets que vous présenterez ensemble, équilibrez les hauteurs et les couleurs lorsque vous choisissez les contenants.

La teinte fougueuse du pot convient aux tons chauds des fritillaires

Les fleurs des lachenalia penchent gracieusement par-dessus le bord d'une tasse

PRÉSENTATION D'ÉTÉ

POUR ÉVOQUER L'ABONDANCE que la nature offre en été, cette bassine en fer émaillé a été remplie de fleurs bien serrées afin de créer un effet de masse et de profusion. Bien que disposées au hasard, elles sont groupées par espèce, comme si elles poussaient encore dans le jardin. Vous pouvez créer cette présentation avec bien d'autres fleurs : mélangez et harmonisez les grosseurs et les couleurs en fonction de l'effet recherché.

LES MARGUERITES JAUNES font une tache de feu entre les pivoines rouges et le vert des alchémilles

LES ASTILBES BLANCHES et aériennes créent un effet de contraste par rapport à l'opulence des pivoines

LA BLANCHEUR DES ASTRANTES ombellifères adoucit la couleur choc des bleuets et des soucis orange intense

L'ABONDANCE DU JARDIN
Groupez chaque variété de fleurs en bouquet que vous attacherez et dont vous couperez les tiges très court. Remplissez la bassine avec assez d'eau pour immerger les queues, puis disposez vos fleurs.

PRÉSENTATION D'AUTOMNE

CETTE OPULENTE PRÉSENTATION DE BAIES et de fruits généreusement massés dans un pot en terre cuite est à l'image des abondantes moissons automnales. Le contenant évasé permet une composition de forme arrondie, de sorte que les branches et les petits rejets s'épanouissent avec nonchalance sur les côtés du bouquet.

L'EUCALYPTUS, tel qu'il est en automne, contraste avec le rouge des cynorhodons

LES POMMES sont piquées sur des petits tuteurs avant d'être disposées dans le bouquet

LE POT EN TERRE CUITE est le contenant idéal pour les présentations d'automne

Le feuillage du cotoneaster rehausse les autres couleurs de l'automne

Le lierre avec ses fruits crée une tache de vert entre l'hypéricum et les baies de fusain

Les fleurs d'hortensia sont disposées de sorte qu'elles penchent la tête sur le bord du vase afin de donner du naturel à la composition

Les moissons de l'automne
Arrangez le feuillage dans un pot rempli d'eau que vous placerez à l'intérieur de celui en terre cuite. Disposez les branches les plus hautes sur l'arrière de la présentation, en les orientant dans des directions différentes.

PRÉSENTATIONS D'HIVER

Avec ces deux bouquets, on réalise combien il est important de bien harmoniser la couleur du vase avec celle des fleurs qu'il contiendra. Le contenant peut rehausser les tons et les couleurs, et modifier l'impact visuel des fleurs. Ci-dessous, les feuilles de lierre panaché ont été légèrement teintées avec de la peinture argentée pour répondre à l'aspect très froid du contenant en fonte, tandis que ci-contre, les baies rouge vif et le feuillage sombre sont en harmonie avec un vase en verre rouge afin de conférer plus de chaleur à ce bouquet hivernal.

LES GROSSES FEUILLES sont rehaussées d'un soupçon de peinture argent. Utilisez de la peinture en bombe

LE CONTENANT EN FONTE répond aux tons pâles et glacés des fleurs et du feuillage

ARGENT ET BLANC
Mélangez des jacinthes, des renoncules, des roses de Noël avec du gui, de l'eucalyptus et du lierre panaché que vous aurez légèrement teinté d'argent.

Le vase est superbe
lorsque la lumière
traverse le verre rouge

Baies rouges

Le mélange d'un feuillage hivernal vert sombre et de baies d'un beau rouge vif s'harmonise parfaitement avec le vase rouge profond : dans un autre contenant, le bouquet serait moins spectaculaire.

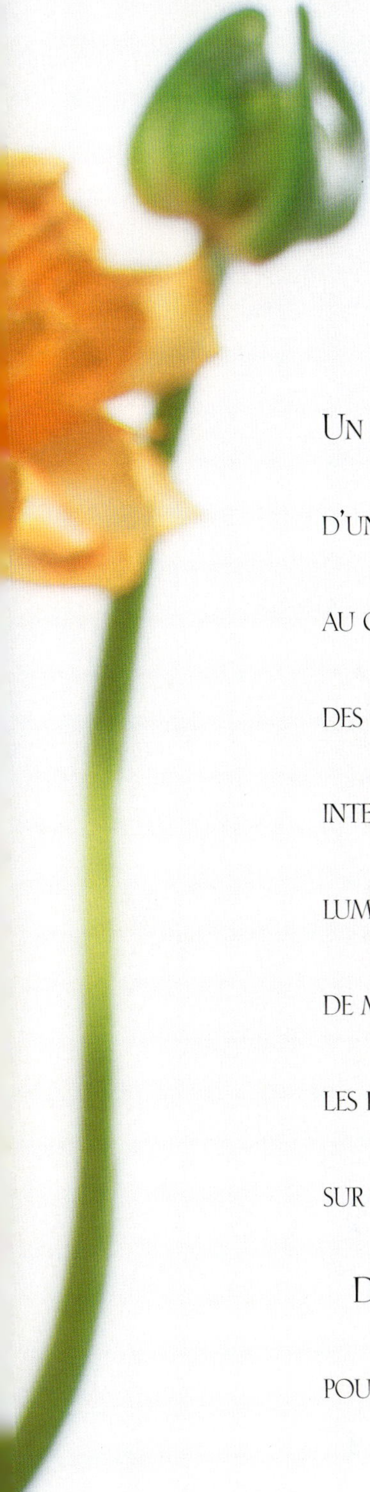

Effets spéciaux

Un simple bouquet de fleurs posé sur une étagère ou sur le coin d'un meuble n'est pas idéal pour une fête ou une soirée. Ce sont là, au contraire, des occasions pour décorer votre intérieur avec des présentations florales originales qui allieront les couleurs intenses des fleurs, le vert vibrant des feuillages, et la douce lumière des bougies. L'appui de cheminée est souvent le point de mire : fleuri avec élégance, il n'en attirera que davantage les regards. De même, quelques fleurs et des chemins de feuillage sur la table transformeront l'atmosphère de votre soirée.

Dans les pages qui suivent vous trouverez des idées que vous pourrez aisément adapter en fonction de votre style.

TABLE D'ÉTÉ ROMANTIQUE

CE QU'IL VOUS FAUT

SI VOUS DISPOSEZ DE PEU DE TEMPS, vous pouvez dresser une table d'apparat en quelques minutes : il suffit de disposer des lianes de lierre et des roses irisées entre et autour des assiettes, et de laisser tomber par ci par là d'odorants pétales de rose. Posez sur les serviettes un petit rameau de lierre et une rose, et vous aurez une table d'été délicieusement romantique.

POUR RÉALISER CETTE DÉCORATION

Disposez le lierre sur la table depuis le bord vers le centre puis répartissez les roses par deux ou trois, chaque fleur reposant sur une feuille. Répandez ensuite une pluie de pétales sur la nappe.

1 Nouez un brin de lierre autour des serviettes roulées. Recoupez le lierre en vous assurant qu'il est assez long pour dépasser sur le bord de l'assiette.

UN BOUTON DE ROSE est glissé sous le petit rameau de lierre

2 Coupez la tige d'une rose à 10 cm à peu près de la tête, et débarrassez-la de ses feuilles. Glissez-la sous la tige du lierre, pour la maintenir en place. Faites de même pour chaque serviette.

LE LIERRE crée de longues lignes fluides

TABLE DES MERS DU SUD

CE QU'IL VOUS FAUT

DONNEZ UNE ATMOSPHÈRE EXOTIQUE à votre salle à manger avec cette table aux couleurs des mers du Sud. Sur la nappe d'un bleu intense, les fleurs rose shocking et les feuilles vert sombre et bien brillantes sont faciles à disposer. Bien que très rapide cette présentation est suffisamment sophistiquée pour plaire aux invités les plus raffinés.

POUR RÉALISER LA PRÉSENTATION

Assurez-vous que les feuilles de gingembre sont assez souples pour que vous puissiez les enrouler autour des tiges des fleurs. Si elles sont trop sèches, elles risquent de se briser.

1 Débarrassez de leurs feuilles les fleurs de gingembre, et disposez-les deux par deux. Entourez les deux tiges d'une feuille afin de les lier ensemble.

CINQ BRINS DE FICELLE fine noués ensemble font un détail très raffiné

2 Coupez cinq longueurs de ficelle rose que vous utiliserez pour maintenir la feuille en place. Disposez ensuite les fleurs sur la table en les plaçant sur les feuilles d'anthurium.

TABLE DE NOËL

— CE QU'IL VOUS FAUT —

Une grosse bougie

Un vase en verre transparent carré

3 branches de sapin

8 rameaux de lierre avec des baies

9 tiges de poivre ornemental

3 branches de houx

7 gerberas

UNE VRAIE TABLE DE NOËL se décore avec des bougies et des fleurs. Cependant au moment des fêtes, on dispose de peu de temps. Cette présentation toute simple de feuillage autour d'une bougie, peut se confectionner rapidement au dernier moment ou quelques jours à l'avance. À défaut de gerberas, choisissez d'autres fleurs de couleurs vives pour parer votre table de fête.

POUR RÉALISER CETTE PRÉSENTATION

Si vous disposez de temps, disposez une fleur sur chaque serviette et attachez-la avec une petite carte dorée portant le nom du convive.

1 Placez la bougie au milieu du vase en verre et remplissez celui-ci d'eau. Disposez les rameaux de pin ou de sapin autour de la bougie, en les orientant dans des différentes directions.

2 Ajoutez les baies, les tiges de poivre d'ornement et le houx autour de la bougie. Puis répartissez les gerberas autour du centre.

EFFET DE PLAGE POUR UNE CHEMINÉE

BLEUS, VERTS ET GRIS, galets et cordages : ces éléments hétéroclites semblent avoir été réunis au fil de longues promenades sur d'interminables plages de sable, avant d'être disposés amoureusement sur cette cheminée. Dans des contenants en verre tout simples, l'eucalyptus et les choux accentuent l'effet naturel et spontané de la présentation, tandis que le bouquet de capsules d'eucalyptus est nonchalamment posé derrière les galets porte-bougie.

DES BRANCHES D'EUCALYPTUS ne portant que les capsules sont liées avec un morceau de corde

LES CHANDELIERS EN GALET accentuent l'effet bord de mer

LES CHOUX D'ORNEMENT évoquent certaines plantes que l'on trouve sur les plages

LES TONS GRIS ARGENTÉ des capsules d'eucalyptus rappellent la mer lorsqu'elle vient mourir sur le sable

LES GALETS par leur couleur font écho aux tons des choux et des baies d'eucalyptus

UNE CORDE sert de lien visuel entre les différents éléments de la composition

APPUI DE CHEMINÉE AUX GERBERAS

LE SECRET DE CETTE PRÉSENTATION est sa simplicité. Des contenants en verre transparent permettent aux longues tiges des gerberas de donner toute la mesure de leur élégance, tandis que les couleurs délicates de leurs corolles en font une présentation idéale et stylisée pour un intérieur contemporain. Pour cette composition à la fois sobre et audacieuse, il faut utiliser peu de fleurs. En revanche vous pouvez également la réaliser avec des tulipes, des anémones, ou des amaryllis.

DES NIVEAUX D'EAU DIFFÉRENTS pour chaque vase créent un effet visuel intéressant

LES GERBERAS ont différentes longueurs pour donner une impression de naturel

LES LONGUES TIGES à peine courbées accentuent le style épuré de cette composition

DEUX OU DIX
Cette présentation est tout aussi étonnante si vous n'utilisez que quelques vases.

DES ANÉMONES SUR LA CHEMINÉE

RÉPÉTITION ET RÉGULARITÉ, tels sont les principes de cette présentation très graphique. Les vases sont espacés très régulièrement, et les feuilles de laurier-cerise, suspendues à la même hauteur. Habillez les vases en verre avec des feuilles de laurier-cerise et maintenez cet habillage par du fil métallique doré. Garnissez les vases d'anémones, leurs têtes bien proches les unes des autres. Suspendez des feuilles de laurier-cerise avec du fil doré.

LES FEUILLES BRILLANTES du laurier-cerise pendent toutes à la même hauteur

LES TÊTES DES ANÉMONES dépassent à peine du vase et reposent sur son bord

LES VASES SONT HABILLÉS avec des feuilles de laurier-cerise

POUR SUSPENDRE LES FEUILLES
Entortillez du fil métallique autour du pédoncule de la feuille, puis suspendez celle-ci sur le mur au-dessus de la cheminée.

VARIATION
Si vous ne trouvez pas de laurier-cerise, utilisez des feuilles de lierre bien fraîches.

MAINTENEZ L'HABILLAGE des vases avec du fil métallique doré

UN CANDÉLABRE DE VERDURE

CE QU'IL VOUS FAUT

SI VOUS TROUVEZ UN CANDÉLABRE trop sophistiqué, habillez-le avec des plantes simples comme ces hélixines d'un vert délicat. Les bougies vert acide ainsi que la verrerie verte mettent en valeur la couleur intense des végétaux, et accentuent l'effet de contraste avec la matière argentée du support. Vous pouvez libérer les alvéoles extérieures des plantes qu'elles contiennent, les remplacer par des bougies, et suspendre la présentation au plafond.

POUR RÉALISER LA PRÉSENTATION

Ajouter de la couleur en remplissant certains pots avec des fleurs coupées ou des bougies de tons différents.

1 Disposez le candélabre au centre de la table. Dépotez les hélixines et replantez-les dans les petits pots en verre. Ajoutez des plantes dans quelques alvéoles demeurées libres sur la périphérie du candélabre.

2 Garnissez le reste des alvéoles avec des plantes ou des bougies que vous aurez placées dans des pots ou des verres en verre. Finissez en plaçant trois bougies dans le plus gros pot en verre que vous disposerez au centre du candélabre.

La lumière dans la nuit
Si vous voulez utiliser le candélabre pour vous éclairer la nuit, remplacez quelques plantes par des bougies.

Un anneau permet de suspendre le candélabre, à condition bien entendu que la présentation le permette

Les bougies groupées attirent l'œil sur le centre de la présentation

Les plantes disposées en cercle à l'intérieur du candélabre donnent l'impression que tout l'intérieur de celui-ci est rempli de verdure

DES IDÉES DE CADEAUX

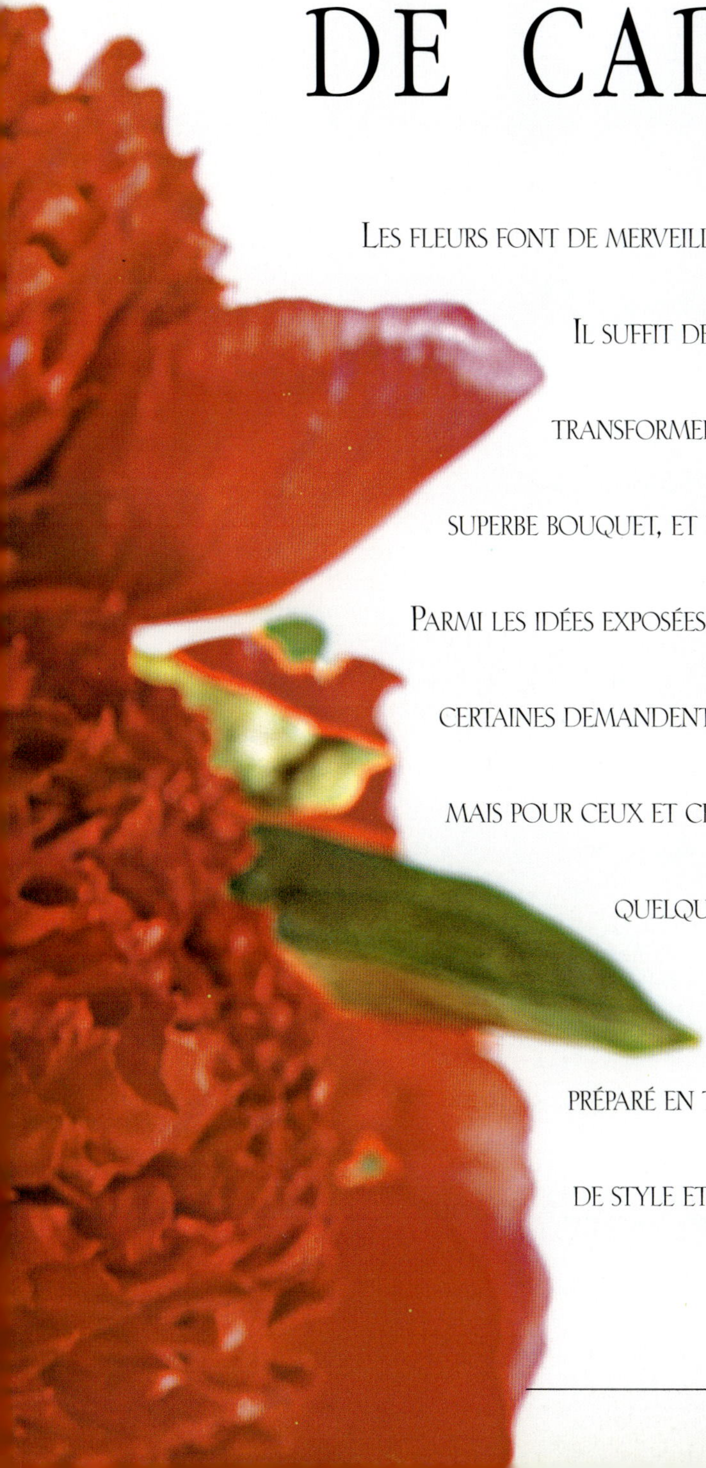

LES FLEURS FONT DE MERVEILLEUX CADEAUX DE DERNIÈRE MINUTE. IL SUFFIT DE QUELQUES IDÉES ORIGINALES POUR TRANSFORMER UNE MODESTE BOTTE EN UN SUPERBE BOUQUET, ET EN FAIRE UN CADEAU PERSONNALISÉ. PARMI LES IDÉES EXPOSÉES DANS LES PAGES QUI SUIVENT, CERTAINES DEMANDENT UN PEU DE PRÉPARATION, MAIS POUR CEUX ET CELLES QUI SONT RÉELLEMENT PRESSÉS, QUELQUES SUGGESTIONS LEUR PERMETTRONT DE MÉTAMORPHOSER UN PRÉSENT PRÉPARÉ EN TOUTE HÂTE EN UNE VRAIE MERVEILLE DE STYLE ET DE PURETÉ.

PETIT BOUQUET DE MARIÉE

CE QU'IL VOUS FAUT

50 tiges de freesia

De la ficelle

1 m de tulle blanc

LE PARFUM SUAVE DES FREESIAS en fait l'une des fleurs préférées des mariées. Actualisez les bouquets des années soixante, bariolés comme des sucres d'orge, en choisissant des freesias doubles d'une seule couleur. Ce ravissant bouquet rond de couleur crème, deviendra aérien lorsque vous l'aurez niché dans une collerette de tulle blanc, et si vous nouez celui-ci avec du ruban blanc, vous obtiendrez un délicieux effet désuet.

POUR CONFECTIONNER LE BOUQUET

Pour plus d'opulence, choisissez les somptueux freesias doubles. Faites-en un bouquet serré pour que les tiges ne s'écartent pas durant la journée.

DISPOSEZ LES TIGES de sorte qu'elles forment un angle les unes par rapport aux autres, et vous obtiendrez un effet de spirales

1 Tenez une première tige dans votre main gauche, et disposez les autres une par une autour de la première, en faisant un angle par rapport à la tige précédente.

2 Liez les tiges juste au-dessous des fleurs avec de la ficelle, et serrez bien. Égalisez les tiges en les coupant à la bonne hauteur pour que le bouquet tienne bien dans la main.

3 Coupez une bande de tulle de 30 cm x 1 m. Pliez le tulle restant en deux dans le sens de la longueur, et froissez-le avec vos deux mains. Entourez-en le bouquet de manière à cacher les tiges, et servez-vous de la bande que vous avez découpée comme d'un ruban, pour maintenir la présentation.

La perfection pour un bouquet
Les freesias, d'un blanc à peine crème, et le tulle, font de cette présentation un bouquet de mariée idéal : confectionnez des bouquets semblables avec d'autres fleurs et un autre tissu pour les demoiselles d'honneur.

DES BOUQUETS AUDACIEUX

AVEC UN PEU D'IMAGINATION, on peut personnaliser tous les bouquets. Inspirez-vous des compositions flamboyantes et bien contemporaines proposées. Les volutes de papier de soie créent l'impression que chaque bouquet est une énorme fleur exotique. Cependant pour réussir ces présentations, choisissez du papier en harmonie avec la couleur des fleurs, ou optez au contraire pour les contrastes.

LE PAPIER COULEUR FUSHIA rehausse le bleu violet des aconits, les roses roses, les arums pourpres, ainsi que l'eucalyptus et le feuillage vert sombre.

Le papier de soie rouge cerise entoure de façon vaporeuse les fleurs d'hortensia ainsi que les roses choisies dans les tons de rouge et de rose.

Des chrysanthèmes jaune-vert, des têtes de pavot, du buis panaché, du sedum et du *Garrya elliptica* sont entourés de feuilles d'anthurium, puis enveloppés dans du papier de soie d'un vert acidulé tirant sur le citron

Un bouquet en paquet-cadeau
Pour une présentation particulière comme ci-dessus prenez une feuille carrée de papier de soie, et disposez les fleurs verticalement au centre. Puis rassemblez le papier autour des tiges et attachez juste au-dessous des têtes des fleurs.

PANIER D'ORCHIDÉES

CE QU'IL VOUS FAUT

CETTE IDÉE EST PARFAITE pour un cadeau, car ces orchidées dureront bien davantage que n'importe quelle fleur coupée. Lorsque vous offrez une composition de ce type, gardez à l'esprit la personnalité et l'environnement de celui ou de celle qui la recevra. Ici, les fleurs tropicales et leur couleur très pâle conviendront à un intérieur moderne et dépouillé. La taille du panier et la hauteur des fleurs en font un arrangement idéal pour une table basse.

POUR RÉALISER LA PRÉSENTATION

Retirez les orchidées du panier de temps en temps pour les arroser. Cet arrangement doit durer environ 4 semaines.

1 Placez les orchidées en pot dans le panier doublé de plastique. Entourez-les de galets et de coquillages pour les maintenir en place.

2 Ajoutez les deux pots de terre cuite et d'autres galets et coquillages. Terminez en remplissant les pots vides de sable, puis faites retomber un peu de mousse par-dessus les bords du panier. Accrochez les coquillages aux tiges des orchidées avec les liens de raphia.

Un présent idéal Cet arrangement très spectaculaire est étonnamment facile à réaliser, et évoque les belles journées ensoleillées de l'été.

Les coquillages sont suspendus par des liens de raphia

Les racines des orchidées retombent par-dessus le bord du panier

UN CŒUR POUR LA SAINT-VALENTIN

CE QU'IL VOUS FAUT

8 roses rouge sombre — 6 roses rouge plus clair — 8 branches de fuchsia — 4 branches de photinia — 4 branches d'hypericum

De la ficelle dorée — 2 m x 2 m de papier Cellophane — Du papier de soie rouge — Une boîte rouge en forme de cœur

POURQUOI NE PAS FÊTER LA SAINT-VALENTIN avec un joli bouquet rond de roses, fleurs qui symbolisent l'amour ? Cette explosion vibrante de rose velouté et de baies rouges dans son écrin en forme de cœur surprendra celui ou celle que vous aimez. Si les roses sont particulièrement sensibles au manque d'eau, l'emballage en cellophane en contient suffisamment pour qu'elles ne souffrent pas le temps qu'elles soient placées dans un vase.

POUR CONFECTIONNER LE BOUQUET

Coupez les tiges des végétaux à la longueur exacte de la profondeur de la boîte, et prévoyez que le couvercle de cette dernière s'emboîte facilement sans pour autant écraser les fleurs.

1 Confectionnez le bouquet (voir p. 114). Coupez la feuille de Cellophane en prévoyant qu'elle fasse une poche et disposez les fleurs au centre.

2 Rassemblez la Cellophane autour du bouquet et attachez-la avec de la ficelle. Remplissez la poche formée par le papier avec de l'eau que vous verserez doucement entre les fleurs. Puis déposez le bouquet bien droit dans sa boîte-écrin.

Les feuilles de photinia donnent de la légèreté à la présentation tout en soutenant les tonalités de rouge

Une seule rose est fixée avec de la ficelle dorée sur le couvercle de la boîte

Du papier de soie rouge double avec raffinement la boîte-coffret

Tout l'éclat de la Saint-Valentin
Les différents tons de rouge et la délicate couleur fuchsia créent un effet d'opulence et une note romantique.

DES PAQUETS-CADEAUX

LORSQUE VOUS CONFECTIONNEZ VOS PAQUETS-CADEAUX, plutôt que de choisir des nœuds et des rubans, optez pour des fleurs qui métamorphoseront le plus simple des paquets. Une boîte gris argent avec deux *Amaryllis belladonna* sera parfaite pour un cadeau d'anniversaire, tandis que la même boîte ornée d'un ou deux anthuriums laissera imaginer quelque présent exotique. Une simple fleur d'hortensia et de la ficelle paraîtront beaucoup plus spontanés qu'un ruban avec un nœud.

UNE FLEUR D'HORTENSIA VELOUTÉE remplace fort joliment un nœud de ruban classique

UN GROS-GRAIN ROSE dans lequel on a glissé des *Amaryllis belladonna* possède un charme bien féminin

Un gerbera couleur pêche pour agrémenter un sac en papier mauve lilas

Des sacs avec du style
Des fleurs sont une manière facile de personnaliser les cadeaux, et de bien montrer que les paquets ont été «faits maison».

Deux fleurs d'ail passent leur tête par-dessus l'ouverture du sac en papier

Une fleur d'anthurium réveille ce classique ruban rayé

Un arum très pur ajoute une touche bien féminine à un sobre emballage

Une touche d'exotisme avec un leucospermum maintenu en place par de la ficelle jaune

L'ART DE COMPOSER

TOUT ARRANGEMENT FLORAL, durera plus longtemps si vous prenez quelques minutes pour préparer les tiges des fleurs. En regardant et lisant ces deux pages, vous apprendrez à organiser les tiges en spirale afin que vos présentations aient une forme harmonieuse, et à les nettoyer afin qu'elles absorbent l'eau du vase plus facilement. Vous découvrirez également une technique pour que les tiges demeurent raides; celle-ci permet aux fleurs de durer plus longtemps et de conserver davantage de fraîcheur.

POUR DISPOSER LES TIGES DES FLEURS EN SPIRALE

1 Tenez la première fleur dans votre main gauche, puis joignez-lui la suivante de sorte qu'elle soit à sa diagonale. Continuez à ajouter les fleurs chacune formant un angle qui la décale sur l'extérieur par rapport à la précédente.

2 Continuez jusqu'à épuisement des fleurs, de sorte que leurs tiges forment une sorte de spirale. Maintenez-les en position grâce à votre pouce.

3 Lorsque le bouquet est fini, égalisez les tiges en les coupant puis placez les fleurs dans l'eau en les laissant retomber naturellement par-dessus le bord du vase.

PRÉPARATION DES TIGES

1 Débarrassez les tiges des feuilles qui seraient immergées dans l'eau. L'eau restera ainsi plus claire et propre.

2 Rabotez doucement les tiges avec un couteau. Puis enlevez de la même manière les épines, les renflements et tout ce qui altère le bois.

3 Coupez les tiges en biseau, la surface en contact avec l'eau sera ainsi plus grande et les fleurs l'absorberont plus facilement.

RAFFERMISSEMENT DES TIGES

1 Ce bain revigorant donne aux fleurs plus de hauteur, et celles dont les tiges se déforment vite comme les tulipes se disposeront plus facilement. Pour les raffermir, enveloppez-les dans un papier kraft.

2 Plongez les fleurs ainsi enveloppées dans l'eau fraîche, où vous les laisserez jusqu'à ce qu'elles soient devenues bien droites et fermes.

INDEX

Remerciements de l'auteur

Pour leur aide et leur soutien, un grand merci à tous mes collaborateurs dans les magasins et à l'école.

Remerciements également à Annabel, Emy et Tracey pour leur efficacité et leur aide ainsi que pour leur acharnement à vouloir toujours mieux faire. À Dave King pour ses superbes photos et sa patience, et toute ma reconnaissance à June pour ses délicieux repas qui nous ont aidés à réaliser cet ouvrage dans la joie.

Les éditeurs remercient

Claudia Norris et Rachana Devidayal pour leurs conseils graphiques ; Nasim Mawji, Lorna Damms, Monica Chakraverty et Davis Summers pour leur aide sur le plan éditorial ; Stephen Einhorn pour le prêt des chandeliers en galet (pages 104–105) ; Tony Cross et Pam Brinkhurst (Wilford Bulb Company) ; Philip Tivey & Sons, producteurs de dahlias et autres plantes depuis 1956 ; John Mattock ; David Root (Kelways Ltd) ; Langport, Somerset ; Bloms Bulbs Ltd, Bedford ; la Chambre d'Horticulture des Pays-Bas.
Toutes les photographies sont de Dave King, exceptées celles des pages 35, 94 et 95.